CANTIQUES

DE

L'ALLIANCE ÉVANGÉLIQUE

EXPOSITION UNIVERSELLE

Prière de ne pas emporter ce recueil.

PARIS

—

M DCCC LXXVIII

INDEX

Agneau de Dieu, par tes langueurs	N° 36
Bénissons Dieu, mon âme, en toute chose	1
C'est un rempart que notre Dieu	10
Comme en un bois épais	21
Comme un cerf altéré brame	2
Dans l'abîme de misères	22
Dans le désert où je poursuis ma route	23
Grand Dieu, nous te bénissons	6
Hosanna! béni soit ce Sauveur débonnaire	12
Il faut, grand Dieu	3
Il vient! Il vient! C'est notre Rédempteur	11
Je suis à toi, gloire à ton nom suprême	26
Jésus est notre Ami suprême	25
Jour du Seigneur	13
Le Sauveur est ressuscité	14
L'Eternel est ma part	18
Levons-nous, frères	15
Moment si doux de la prière	29
Oh! que ton joug est facile	19
Oui, je bénirai Dieu tout le temps de ma vie	5
Oui, pour son peuple Jésus prie	28
Plus que vainqueurs	17
Que la grâce de notre Seigneur	37
Qu'ils sont beaux sur les montagnes. (Missions)	33
Qui sont ces gens au radieux visage	35
Roi des anges	9
Saint des saints, tout mon cœur	8
Seigneur Jésus, du haut de ta demeure. (Missions)	34
Source féconde	32
Souvent, Seigneur, en sa détresse	20
Sur toi je me repose	27
T'aimer, Jésus, te connaître	24
Tel que je suis	30
Tenons nos lampes prêtes	16
Trois fois saint Jéhovah	7
Une bonne nouvelle	31

CANTIQUES
DE L'ALLIANCE ÉVANGÉLIQUE

1
(Chants chrétiens, 55. Ps. 103.)

1. Bénissons Dieu, mon âme, en toute chose,
 Lui sur qui seul mon espoir se repose ;
 Chantons son nom sans nous lasser jamais.
 Que tout en moi célèbre sa puissance ;
 Surtout, mon âme, exalte sa clémence,
 Et compte ici tous les biens qu'il t'a faits.

2. C'est ce grand Dieu, qui, par sa pure grâce,
 De tes péchés les souillures efface,
 Qui te guérit de toute infirmité ;
 Du tombeau même il retire ta vie,
 Et rend tes jours heureux, malgré l'envie,
 T'environnant partout de sa bonté.

3. Bénissez Dieu, sa céleste milice,
 Ministres saints, hérauts de sa justice,
 Qui de lui plaire êtes toujours soigneux.
 Bénissez Dieu, tous les peuples du monde,
 Vous, cieux, toi, terre, en mille biens féconde,
 Et bénis-le, toi, mon âme, avec eux.

2
(Chants chrétiens, 27. Ps. 42.)

1. Comme un cerf altéré brame
 Après le courant des eaux,
 Ainsi soupire mon âme
 Seigneur, après tes ruisseaux.

Elle a soif du Dieu vivant,
Et s'écrie en le suivant :
Mon Dieu, mon Dieu, quand sera-ce
Que mes yeux verront ta face ?

2. Pour pain je n'ai que mes larmes ;
Et nuit et jour en tout lieu,
Lorsqu'en mes dures alarmes
On me dit : Que fait ton Dieu ?
Je regrette la saison
Que j'allais en ta maison,
Chantant avec les fidèles
Tes louanges immortelles.

3. Dieu, ma force et ma puissance !
Dirai-je, as-tu donc permis
Qu'une si longue souffrance
M'expose à mes ennemis ?
Leurs fiers et malins propos
Me pénètrent jusqu'aux os,
Quand ils disent, à toute heure :
Où fait ton Dieu sa demeure ?

4. Mais pourquoi, mon âme, encore
T'abattre avec tant d'effroi ?
Espère au Dieu que j'adore ;
Il sera loué de moi.
Un regard dans sa faveur
Me dit qu'il est mon Sauveur ;
Et c'est aussi lui, mon âme,
Qu'en tous mes maux je réclame.

3

(*Chants chrétiens*, 81. Ps. 138.)

1. Il faut, grand Dieu, que de mon cœur
La sainte ardeur — te glorifie ;
Qu'à toi, des mains et de la voix,
Devant les rois — je psalmodie.

J'irai t'adorer, ô mon Dieu,
En ton saint lieu, — d'un nouveau zèle ;
Je chanterai ta vérité
Et ta bonté — toujours fidèle.

2. Ton nom est célèbre à jamais
Par les effets — de tes paroles ;
Quand je t'invoque tu m'entends ;
Quand il est temps, — tu me consoles.
Tous les rois viendront à tes pieds,
Humiliés, — prier sans cesse ;
Sitôt qu'ils auront une fois
Ouï la voix — de ta promesse.

3. Ils rempliront par leurs concerts
Tout l'univers — de tes louanges.
Les peuples qui les entendront
Admireront — tes faits étranges.
O grand Dieu ! qui de tes hauts cieux
En ces bas lieux — vois toute chose,
Quoique tu sembles être loin,
C'est sur ton soin — que tout repose.

4. Si mon cœur dans l'adversité
Est agité, — ta main m'appuie.
C'est ton bras qui sauve des mains
Des inhumains — ma triste vie.
Quand je suis le plus abattu,
C'est ta vertu — qui me relève ;
Ce qu'il t'a plu de commencer,
Sans se lasser, — ta main l'achève.

4

(*Chants chrétiens,* 2. Ps. 24.)

1. L'Eternel seul est Seigneur ;
Seul il est dominateur (*bis.*)
Sur les peuples de la terre ;
Il est maître souverain (*bis.*)

Des ouvrages que sa main
Pour sa gloire a voulu faire.

2. Mais quel bienheureux mortel
Au saint mont de l'Eternel (bis,)
Aura le droit de paraître ?
Et quel homme, ô puissant Roi ! (bis.)
Pour demeurer avec toi,
Assez juste pourrait être ?

3. C'est l'homme qui, dans son cœur,
Par ton Esprit, ô Seigneur ! (bis.)
Hait du péché les souillures ;
Qui, fuyant la fausseté, (bis.)
Te sert en sincérité,
Levant à toi des mains pures.

4. Oui, cet homme recevra,
De son Dieu qu'il cherchera, (bis.)
Le salut et la justice.
Oui, tes enfants, à jamais, (bis.)
Seigneur, trouveront ta paix
Et ta lumière propice.

5

(Chants chrétiens, 95. Ps. 34.)

1. Oui, je bénirai Dieu tout le temps de ma vie :
Les justes l'entendront.
Des glorieux transports de mon âme ravie
Ils se réjouiront. (bis.)

2. Chrétiens, magnifions et louons tous ensemble
Le beau nom du Sauveur.
Ses élus, à leurs cris, sous son aile il rassemble,
Et chasse leur frayeur. (bis.)

3. Venez et savourez, sous son paisible empire,
Sa fidèle bonté.
Oh ! que l'homme est heureux qui vers Dieu se retire
En sa calamité ! (bis.)

4. Quand l'enfant du Seigneur à son Père s'adresse,
    Dieu l'exauce à l'instant,
  Et par un prompt secours fait cesser la tristesse
    De ce cœur repentant. (*bis.*)

6

(Chants chrétiens, 29.)

1. Grand Dieu, nous te bénissons,
   Nous célébrons tes louanges.
   Eternel, nous t'exaltons
   De concert avec les anges ;
   Et prosternés devant toi,
   Nous t'adorons, ô grand Roi ! } *bis.*

2. Ton Eglise qui combat,
   Sur la terre répandue,
   Et l'Eglise qui déjà
   A la gloire est parvenue,
   Entonne un chant solennel
   A Jésus Emmanuel. } *bis.*

3. Sauve ton peuple, Seigneur,
   Et bénis ton héritage.
   Que ta gloire et ta splendeur
   Soient à jamais son partage !
   Conduis-le par ton amour
   Jusqu'au céleste séjour. } *bis.*

4. Puisse ton règne de paix
   S'étendre par tout le monde !
   Dès maintenant à jamais,
   Que sur la terre et sur l'onde
   Tous genoux soient abattus
   Au nom du Seigneur Jésus ! } *bis.*

5. Gloire soit au Saint-Esprit !
   Gloire soit à Dieu le Père !
   Gloire soit à Jésus-Christ,

Notre époux et notre frère !
Son immense charité } bis.
Dure à perpétuité.

7

(Chants chrétiens, 39.)

1. Trois fois saint Jéhovah ! *(bis.)*
   Notre âme en ta présence,
   Dans une humble assurance,
   S'écrie : Alléluia ! *(bis.)*
   Ta gloire est immortelle,
   Ta grâce est éternelle,
   O Père ! ô Fils Sauveur ! *(ter.)*
   O Saint Consolateur !

2. Les esprits bienheureux, *(bis.)*
   Tes élus et tes anges,
   Célèbrent tes louanges
   Aux demeures des cieux. *(bis.)*
   Nous aussi, sur la terre,
   Vers le vrai sanctuaire,
   Jusqu'à toi, Roi des rois, *(ter.)*
   Nous élevons nos voix.

3. Oui, nous cherchons, Seigneur, *(bis.)*
   Le regard de ta face ;
   Que du trône de grâce
   Il vienne en notre cœur ! *(bis.)*
   Oui, qu'il mette en notre âme
   La pure et vive flamme
   De l'amour que pour toi *(ter.)*
   Doit nourrir notre foi.

4. Amen ! ô notre Dieu ! *(bis.)*
   Que ta bonté fidèle
   A ce cœur qui t'appelle
   Réponde du saint lieu ! *(bis.)*

Et qu'en ta paix parfaite
Ton Eglise répète :
Trois fois saint Jéhovah ! (*ter.*)
Amen ! Alléluia !

8

(Chants chrétiens, 25.)

1. Saint des saints, tout mon cœur veut s'élever à toi.
Tu me dis de chercher le regard de ta face ;
Fais-moi sentir ta puissante efficace ;
Esprit de Dieu, viens soutenir ma foi.

2. Devant toi je rougis et demeure confus ;
Mais, Seigneur, ta pitié relève ma misère.
N'as-tu pas mis entre elle et ta colère
L'amour, la croix et le sang de Jésus ?

3. Oui, Seigneur, tu m'entends, tu m'ôtes ma douleur ;
Je me sens ton enfant ; mon Père je t'appelle.
De ton secours la promesse est fidèle ;
Béni sois-tu ! Ta paix rentre en mon cœur.

9

(Chants chrétiens, 63.)

1. Roi des anges,
Nos louanges
Montent-elles jusqu'à toi ?
Et toi-même,
Dieu suprême,
Descends-tu jusques à moi ?
O mystère !
O mystère
Insondable sans la foi !

2. Tendre Père,
Ma prière
Irait-elle jusqu'à toi,
Si toi-même,
Dieu suprême,
Ne descendais jusqu'à moi ?
O mystère !
O mystère
Adorable pour ma foi !

3. De l'abîme
　　Vers la cime,
Vers le trône de mon Roi,
　　Ma prière,
　　O mon Père !
S'élève jusques à toi.
　　O Dieu tendre !
　　Daigne entendre
La requête de ma foi !

4. C'est toi-même,
　　Dieu suprême,
Toi que je demande à toi.
　　Ta présence,
　　Ton absence,
C'est vie ou c'est mort pour
　　Que ta grâce　　[moi.
　　En moi fasse
A jamais régner mon Roi !

10

(Chants chrétiens, 14.)

1. C'est un rempart que notre Dieu !
　　Si l'on nous fait injure,
Son bras puissant nous tiendra lieu
　　Et de fort et d'armure.
　　L'ennemi contre nous
　　Redouble de courroux ;
　　　Vaine colère !
　　Que pourrait l'adversaire ?
L'Eternel détourne ses coups !

2. Seuls nous bronchons à chaque pas,
　　Notre force est faiblesse ;
Mais un Héros, dans les combats,
　　Pour nous lutte sans cesse.
　　Quel est ce défenseur ?
　　C'est toi, divin Sauveur,
　　　Dieu des armées !
　　Tes tribus opprimées
Connaissent leur Libérateur.

3. Que les démons forgent des fers
　　Pour accabler l'Eglise ;
Ta Sion brave les enfers,
　　Sur le rocher assise.
　　Constant dans son effort,

En vain avec la mort
Satan conspire ;
Pour ruiner son empire,
Il suffit d'un mot du Dieu fort.

4. Dis-le, ce mot victorieux,
Dans toutes nos détresses.
Répands sur nous du haut des cieux
Tes divines largesses !
Qu'on nous ôte nos biens,
Qu'on serre nos liens,
Que nous importe !
Ta grâce est la plus forte,
Et ton royaume est pour les tiens !

11

(Chants chrétiens, 23.)

1. Il vient ! il vient ! c'est notre Rédempteur.
Hausse la voix pour chanter ton Sauveur,
Jérusalem, ville de l'alliance !
Dis à Juda quelle est ton espérance.
Alléluia dans le saint lieu !
Car voici Jésus notre Dieu !

2. Comme un berger il paîtra son troupeau :
Pour la brebis et pour le faible agneau,
Il est toujours dans ses bras un asile.
C'est aux chétifs qu'il offre l'Evangile.
Triste Sion, dis désormais :
Jésus est Prince de la paix.

3. Jésus est grand ! son nom est glorieux !
Car de ses doigts il compassa les cieux ;
Il a pesé les monts à la balance,
Et dans sa main l'océan prit naissance.
Sachez, sachez que le Sauveur
Est aussi le Dieu Créateur.

12
(Cantiques populaires, 53.)

1. Hosanna ! béni soit ce Sauveur débonnaire
Qui vers nous, plein d'amour, descend du sein du Père !
Béni soit le Seigneur qui vient des plus hauts cieux
Apporter aux humains un salut glorieux !

2. Hosanna ! béni soit Jésus notre justice !
Pour nous, pour nos péchés, il s'offre en sacrifice.
Ce Seigneur tout-puissant, ce Roi de tous les rois,
Nous a rouvert le ciel en mourant sur la croix !

3. Hosanna ! Rachetés, peuple libre et fidèle,
Répétez : Hosanna ! dans une ardeur nouvelle...
C'est votre hymne d'amour, c'est votre chant de paix ;
Que ce chant parmi vous retentisse à jamais !

13
(Chants chrétiens, 82.)

1. Jour du Seigneur, — J'ouvre mon cœur
A ta douce lumière. — Jour solennel,
A l'Éternel — Consacre ma prière.

2. Ta vérité, — Ta charité
Brillent dans ta Parole ; — Seule elle instruit,
Guide et conduit — Notre âme et la console.

3. Que ton Esprit, — O Jésus-Christ !
Habite dans notre âme ; — Que ton amour,
Et nuit et jour, — L'embrase de sa flamme.

14
(Chants chrétiens, 68.)

1. Le Sauveur est ressuscité.
Alléluia ! l'enfer succombe.
Plein de gloire et de majesté,
Jésus triomphe de la tombe !

2. Mort ! où donc est ton aiguillon ?
Sépulcre ! où donc est ta victoire ?
Dans son rapide tourbillon
Le temps nous entraîne à la gloire.

3. La mort est vaincue à jamais !
Jésus a délivré l'Eglise ;
Elle est sauvée, elle est en paix :
Par son sang il se l'est acquise.

4. Jésus nous a conquis le ciel ;
Jésus nous rend l'amour du Père ;
Par Jésus je suis immortel !...
Que mon corps retombe en poussière !

5. En déshonneur il est semé,
Il doit ressusciter en gloire ;
Que mon cœur d'amour enflammé
De Jésus chante la victoire !

6. Oui, gloire à toi, mon Rédempteur !
Qu'à ton nom tout genou fléchisse,
Et que la terre, ô mon Sauveur !
Pour t'adorer, au ciel s'unisse !

15

(Chants chrétiens, 31.)

1. Levons-nous, frères, levons-nous,
   Car voici notre Maître ;
Il est minuit, voici l'Epoux :
   Jésus-Christ va paraître ! *(bis.)*

2. Avec les siens il vient régner
   Et délivrer l'Eglise ;
Bientôt il va la couronner
   De la gloire promise. *(bis.)*

3. Ne crains donc point, petit troupeau,
   Toi que chérit le Père ;
Que toujours la croix de l'Agneau
   Soit ta seule bannière. *(bis.)*

4. Et si le monde est contre toi,
   Ses mépris sont ta gloire ;
   L'amour, l'espérance et la foi
   Te donnent la victoire. (*bis*.)

5. Gloire à Jésus-Christ, mon Sauveur !
   Car en lui seul j'espère.
   Heureux celui qui dans son cœur
   L'adore et le révère ! (*bis*.)

16
(Cantiques populaires, 79.)

1. Tenons nos lampes prêtes,
   Chrétiens, préparons-nous
   Pour l'heure où les trompettes
   Nous appelleront tous.

CHŒUR : Qu'à répondre on s'empresse :
   Hosanna ! Hosanna !
   Et qu'avec allégresse
   On chante : Alléluia !

2. Brûlez, célestes flammes,
   Consumez le péché ;
   Illuminez nos âmes
   D'une sainte clarté.

CHŒUR : Qu'à répondre, etc.

3. Nous avons la victoire
   Par le Ressuscité,
   Et nous dirons sa gloire
   Toute l'éternité.

CHŒUR : Qu'à répondre, etc.

17
(Cantiques populaires, 47.)

1. Plus que vainqueurs ! telle est notre devise ;
   Plus que vainqueurs, bien que persécutés ;
   Car la victoire à la foi fut acquise
   Par le Sauveur qui nous a rachetés.

2. Suivons le Christ jusque sur le Calvaire ;
   Ayons toujours sa mort devant les yeux.
   Si nous souffrons avec lui sur la terre,
   Nous régnerons avec lui dans les cieux.

3. Osons braver les injures du monde
   Pour confesser le beau nom de Jésus.
   Que sur lui seul tout notre espoir se fonde,
   Et notre espoir ne sera pas confus.

4. Amis, croyons au pouvoir invisible
   Que le Sauveur a caché dans sa croix ;
   Saisissons-la comme une arme invincible,
   Pour triompher au nom du Roi des rois.

18

(Chants chrétiens, 65.)

1. L'Eternel est ma part, mon salut, mon breuvage ;
   Il a fixé mon lot dans un bel héritage :
   Ma langue, égaie-toi, réjouis-toi, mon cœur ;
   Entonne un chant d'amour, Jésus est ton Sauveur !

2. Rebelle, je vivais au milieu des rebelles :
   Mais Jésus-Christ m'a vu des voûtes éternelles ;
   Il a quitté les cieux pour sauver un pécheur ;
   Mon âme, égaie-toi ! Jésus est ton Sauveur !

3. Qu'il est bon de t'avoir, Jésus ! pour sacrifice,
   Pour bouclier, pour roi, pour soleil, pour justice !
   Qu'elle est douce la paix dont tu remplis le cœur !
   Mon âme, égaie-toi ! Jésus est ton Sauveur !

19

(Chants chrétiens, 9.)

1. Oh ! que ton joug est facile !
   Oh ! combien j'aime ta loi !
   Dieu saint, Dieu de l'Evangile,
   Elle est toujours devant moi.

De mes pas c'est la lumière ;
C'est le repos de mon cœur ;
Mais pour la voir tout entière,
Ouvre mes yeux, bon Sauveur.

2. Non, ta loi n'est point pénible
Pour quiconque est né de toi ;
Toute victoire est possible
A qui combat avec foi.
Seigneur, dans ta forteresse
Aucun mal ne m'atteindra ;
Si je tremble en ma faiblesse,
Ta droite me soutiendra.

3. Dieu qui guides, qui consoles,
J'ai connu que le bonheur
C'est de garder tes paroles,
Et je les serre en mon cœur !
Fais-moi marcher dans ta voie
Et me plaire en tes statuts ;
Si je cherche en toi ma joie,
Je ne serai pas confus.

20

(Chants chrétiens, 10.)

1. Souvent, Seigneur, en sa détresse,
Un pauvre pécheur ne t'adresse
Pour prières que des soupirs.
Vers lui plein d'amour tu t'inclines ;
Quoiqu'il se taise, tu devines
Le secret de tous ses désirs.

2. Mais, ô Dieu, ces élans de l'âme,
Ce cri d'un cœur qui te réclame,
Je ne les trouve pas en moi.
Toujours occupé de la terre,
Quoique de tout je désespère,
Je ne sais m'élever à toi.

3. Jadis, à la troupe fidèle,
   Jésus a donné le modèle
   Des vœux qu'elle devait former.
   Je m'en souviens ; mais je désire
   Qu'en moi ton Saint-Esprit soupire
   Ce qui ne se peut exprimer.

4. Mais quoi ! ce désir que j'éprouve,
   Ce souhait qu'en mon cœur je trouve,
   Ne me viendraient-ils pas de Dieu ?
   Je disais : Dicte ma prière !
   Et tu m'avais, ô tendre Père !
   Déjà dicté ce premier vœu.

4. Désormais donc, ô Dieu suprême !
   Pourquoi chercherais-je en moi-même
   La prière qu'il faut t'offrir ?
   J'attends toute sainte pensée
   Du ciel, d'où descend la rosée
   Que le soleil doit recueillir.

21

(Chants chrétiens, 161. — Air 41.)

1. Comme en un bois épais et sous un noir ombrage
   Le soleil tout à coup lance un rayon brillant,
   Ainsi l'Esprit de Dieu perce l'obscur nuage
   Dont un doute entourait le cœur de son enfant.

2. Hélas ! ils sont nombreux les moments de nos peines.
   Souvent nos durs sentiers traversent le désert.
   Mais là même, ô Jésus ! jaillissent tes fontaines ;
   Là même ton rocher nous reçoit à couvert.

3. O chrétien voyageur ! ne crains pas la tempête ;
   Ne crains pas du midi les pesantes ardeurs.
   Ne vois-tu pas Jésus qui dès longtemps apprête
   Ce refuge où, vers lui, vont cesser tes langueurs ?

4. Non, dans les sombres jours de ta marche pénible,
   Jamais, ô racheté, tu n'es seul ici-bas.

Ton Berger, ton Sauveur, se tient, quoique invisible,
Sans cesse à tes côtés et veille sur tes pas.

5. Quoi ! peut-il ignorer que ton âme est souffrante,
Lui, qui de tous tes maux supporta tout le poids ?
Ou bien, retiendrait-il sa force consolante,
Lui qui pour tes péchés mourut sur une croix ?

6. Avance donc en paix : poursuis vers ta patrie
Le chemin que ton Dieu t'a lui-même tracé ;
Et pense que Jésus, dans le ciel, pour toi prie,
Lorsqu'ici tu te plains, de fatigue oppressé.

22

(Chants chrétiens, 4.)

1. Dans l'abîme de misères,
Où j'expirais loin de toi,
Ta bonté, Dieu de mes pères,
Descendit jusques à moi.
Tu parlas : mes yeux s'ouvrirent ;
A mes regards éperdus
Tes secrets se découvrirent ;
J'étais mort et je vécus.

2. Plus haut que toute pensée
Ta main étendit les cieux ;
Tu veux : leur voûte embrasée
Se peuple de nouveaux feux.
Mais privés d'aimer, de croire,
Tous ces cieux et leur splendeur
Ne valent pas pour ta gloire
Un seul soupir d'un seul cœur.

3. Esprit du Dieu que j'adore,
Ah ! forme en moi ce soupir,
Ce feu qui n'a point encore
Réchauffé mon repentir.
Qu'à l'amour mon cœur se livre,
Et qu'il répète à jamais :

Aimer, aimer, voilà vivre.
Fais-moi vivre, ô Dieu de paix !

23
(Chants chrétiens, 5.)

1. Dans le désert où je poursuis ma route
Vers le pays que je dois habiter,
Que nul ennui, nul travail ne me coûte,
Car c'est des cieux que je dois hériter.

2. Bientôt pour moi le terme du voyage
Amènera le moment du repos ;
Et du Seigneur le puissant témoignage
Me gardera contre les grandes eaux.

3. O mon pays ! terre de la promesse,
Mon cœur ému de loin t'a salué ;
Dans les transports d'une sainte allégresse,
O Dieu ! ton nom soit à jamais loué !

24
(Chants chrétiens, 132.)

1. T'aimer, Jésus, te connaître,
Se reposer sur ton sein,
T'avoir pour son Roi, son Maître,
Pour son breuvage et son pain,
Savourer en paix ta grâce,
De ta mort, puissant Sauveur,
Goûter la sainte efficace,
Quelle ineffable douceur !

2. O bonheur inexprimable !
J'ai l'Eternel pour berger !
Toujours tendre et secourable,
Son cœur ne saurait changer.
Dans sa charité suprême,
Il descendit ici-bas

Chercher sa brebis qu'il aime,
Et la prendre dans ses bras.

3. Il donna pour moi sa vie,
Il me connaît par mon nom.
A sa table il me convie,
J'ai ma place en sa maison.
Il veut bien de ma faiblesse,
De tous mes maux s'enquérir.
Qu'il est bon ! Il veut sans cesse
Me pardonner, me guérir.

4. Rien, ô Jésus, que ta grâce,
Rien que ton sang précieux
Qui seul mes péchés efface,
Ne me rend saint, juste, heureux.
Ne me dites autre chose
Sinon qu'il est mon Sauveur,
L'auteur, la source, la cause
De mon éternel bonheur.

25

(Cantiques populaires, 46.)

1. Jésus est notre Ami suprême ;
   Oh ! quel amour !
Mieux qu'un tendre frère Il nous aime ;
   Oh ! quel amour !
Ici parents, amis, tout passe ;
Le bonheur paraît et s'efface ;
Son cœur seul jamais ne se lasse...
   Oh ! quel amour !

2. Il s'est offert en sacrifice ;
   Oh ! quel amour !
Nous bénir est tout son délice ;
   Oh ! quel amour !
Qu'à sa voix notre âme attentive,
Toujours en paix, jamais craintive,

Près de son cœur doucement vive...
Oh! quel amour!

3. Il est notre vie éternelle;
Oh! quel amour!
Célébrons son œuvre immortelle;
Oh! quel amour!
Par son sang notre âme est lavée;
Au désert il l'avait trouvée,
En son bercail il l'a sauvée;
Oh! quel amour!

26
(Chants chrétiens, 113.)

1. Je suis à toi! gloire à ton nom suprême!
O mon Sauveur! je fléchis sous ta loi.
Je suis à toi, je t'adore, je t'aime;
Je suis à toi, je suis à toi!

2. En te trouvant j'ai trouvé toute chose,
Et ce bonheur m'est venu par la foi.
C'est sur ton sein qu'en paix je me repose;
Je suis à toi, je suis à toi!

3. Nul ne saurait m'effacer de ton livre;
Nul ne saurait me soustraire à ta loi.
C'est ton regard qui fait mourir et vivre;
Je suis à toi, je suis à toi!

4. Sur cette terre où tu veux que j'habite,
O mon Sauveur! mon Dieu, je suis à toi!
Et dans le ciel, où ta grâce m'invite,
Encore à toi, toujours à toi!

27
(Cantiques populaires, 58.)

1. Sur toi je me repose, — O Jésus, mon Sauveur!
Faut-il donc autre chose — Pour un pauvre pécheur?

Conduit par ta lumière, — Gardé par ton amour,
Vers la maison du Père — Marchant de jour en jour.
  Chœur : Sur toi, etc.

2. Ah ! ma misère est grande ! — Mais tu m'as pardonné ;
Sainte et vivante offrande, — Pour moi tu t'es donné ;
Et de toute souillure, — Par le sang de ta croix,
Mon âme devient pure. — Tu l'as dit, je le crois.
  Chœur : Sur toi, etc.

3. Moi-même en sacrifice — Immolé désormais,
Seigneur, à ton service — Me voici pour jamais !
Qu'importe ma faiblesse, — Puisque je t'appartiens ?
Tu n'as point de richesse — Qui ne soit pour les tiens.
  Chœur : Sur toi, etc.

4. Au plus fort de l'orage, — Tu te tiens près de moi,
Ranimant mon courage — Et soutenant ma foi.
C'est dans ton cœur qui m'aime — Que tu sais me cacher ;
En vain Satan lui-même — Voudrait m'en arracher...
  Chœur : Sur toi, etc.

5. En toi j'ai la victoire, — La paix, la liberté ;
A toi je rendrai gloire — Durant l'éternité.
Si du bonheur qui passe — La source doit tarir,
C'est assez de ta grâce — Pour vivre et pour mourir.
  Chœur : Sur toi, etc.

28
(Chants chrétiens, 19.)

1. Oui, pour son peuple Jésus prie !
Prêtons l'oreille à ses soupirs.
Qu'à sa voix notre âme attendrie
Réponde par de saints désirs.
Dans les hauts lieux, brillant de gloire,
Il est entré victorieux ;
Et sur l'autel expiatoire
Il offre son sang précieux.

2. Oui, pour nos âmes Jésus prie !
Dans cet instant, ô charité !
Il plaide, il intercède, il crie
Pour nous qui l'avons contristé.
A son enfant, auprès du Père,
Son cœur obtient un doux pardon ;
Et pour l'aider dans sa misère,
Sa voix réclame un nouveau don.

3. Oui, pour les tiens, Jésus, tu pries !
Qu'il nous est doux de le savoir !
Ainsi, Seigneur, tu nous convies
A mettre en toi tout notre espoir.
Sous le parfum de ta prière
Fais-nous marcher, remplis d'ardeur ;
Pour te bénir, notre âme entière
S'élève à toi, puissant Sauveur !

29

(Cantiques populaires, 76.)

1. Moment si doux de la prière,
Où Dieu, m'élevant jusqu'à Lui,
Se révèle à moi comme un Père,
Comme un Sauveur, comme un appui ;
Oh ! oui, je t'aime, heure bénie,
Je te désire avec ardeur,
Car déjà souvent dans la vie,
Tu m'as sauvé du tentateur.

2. Doux moment de paix, heure sainte
Où, sur les ailes de la foi,
Mon cœur s'élève sans contrainte,
Je ne saurais vivre sans toi.
Sois donc toujours toute ma joie,
Tout mon refuge et mon secours,
Et que jamais Dieu ne me voie
Passer sans toi l'un de mes jours !

30
(Cantiques populaires, 23.)

1. Tel que je suis, pécheur rebelle,
Au nom du sang versé pour moi,
Au nom de ta voix qui m'appelle,
Jésus, je viens à Toi!

2. Tel que je suis, dans ma souillure,
Ne cherchant nul remède en moi,
Ton sang lave mon âme impure,
Jésus, je viens à Toi!

3. Tel que je suis, avec mes luttes,
Mes craintes, ma timide foi,
Avec mes doutes et mes chutes,
Jésus, je viens à Toi!

4. Tel que je suis, je me réclame
De ta promesse, par la foi ;
Au ciel tu recevras mon âme.
Jésus, je viens à Toi!

5. Tel que je suis, ton sacrifice
A ma place accomplit la loi.
Justifié par ta justice,
Jésus, je viens à Toi!

6. Tel que je suis, Dieu me convie,
O mon Sauveur, pour être à Toi,
A toi dans la mort, dans la vie,
Jésus, je viens à Toi!

31
(Cantiques populaires, 18.)

1. Une bonne nouvelle — Descend des cieux ;
Pécheur, Jésus t'appelle. — Lève les yeux !
Chargé de ta misère, — De tes péchés confus,
Viens à Jésus, mon frère, — Viens à Jésus !

2. Ce bon Jésus lui-même — Te racheta.
   Il montra comme il t'aime — A Golgotha.
   Au sang qui purifie — Les cœurs souillés, perdus,
   Que ton cœur se confie, — Viens à Jésus !

3. Celui que Jésus lave — De son péché,
   Au dur joug de l'esclave — Est arraché.
   Jésus, qui te pardonne, — Te dit : Ne pèche plus !
   Son Esprit il te donne ; — Viens à Jésus !

4. De sa miséricorde — Jésus fait don ;
   A qui croit il accorde — Un plein pardon.
   Hâte-toi, le temps passe, — Passe et ne revient plus !
   Aujourd'hui, jour de grâce, — Viens à Jésus !

5. Viens, que rien ne t'arrête, — Viens à l'instant !
   Ta délivrance est prête, — Jésus t'attend.
   En Lui si tu veux croire, — Tes péchés ne sont plus,
   Et tu peux chanter : Gloire, — Gloire à Jésus !

32
(Cantiques populaires, 9.)

1. Source féconde, — Salut du monde,
   Le sang de Christ est répandu.
   Ce divin Frère — Sur le Calvaire
   Est mort pour l'homme perdu.

   Chœur : Oui, je puis croire, — Oui, je veux croire
   Que Jésus-Christ est mort pour moi.
   Sa mort sanglante et triomphante
   Me rend libre par la foi.

2. En Jésus joie ! — Il est la voie
   Qui nous mène toujours au but.
   Jésus pardonne ; — Il n'est personne
   Qu'il repousse du salut. — *Chœur :* Oui, etc.

3. Ame flétrie, — Jésus convie
   Les pécheurs les plus dissolus.
   Sa grâce immense — Donne assurance
   Au cœur qui croit en Jésus. — *Chœur :* Oui, etc.

4. Jour mémorable -- Pour le coupable !
Le malfaiteur près de Jésus
Trouve sa grâce -- Sainte, efficace,
Sa part avec les élus. —*Chœur* : Oui, etc.

5. Du Fils la fête -- Est toujours prête ;
Le festin de noce est pour nous.
Il nous invite : -- Entrons de suite ;
Goûtons son accueil si doux.—*Chœur* : Oui, etc.

33
(Chants chrétiens, 26.)

1. Qu'ils sont beaux sur les montagnes,
Les pieds de tes serviteurs
Qui parcourent les campagnes,
Prêchant la grâce aux pécheurs.
O délicieuse vie
D'un serviteur de Jésus !
Qui pour son Maître s'oublie
En annonçant ses vertus.

2. Libre de toute autre chaîne,
Le chrétien qui sert son Dieu,
Dans la souffrance et la peine,
Suit son modèle en tout lieu.
Il faut qu'en vivante offrande
Il s'offre pour son Sauveur ;
C'est là ce que Dieu demande
D'un fidèle serviteur.

3. Ainsi, témoins de sa grâce,
Pour remplir ce but divin,
Allez donc de place en place
Convier au grand festin ;
Annoncez au cœur timide,
Au pécheur contrit, brisé,
Que Christ fait d'un cœur aride
Un cœur de grâce arrosé.

4. Aux cœurs accablés de peines,
Tremblant au seul nom de mort,

Aux cœurs qui, chargés de peines,
N'attendent qu'un triste sort,
Dites que Dieu, dans sa grâce,
Donna son Fils aux pécheurs,
Et que sa mort efficace
Leur mérita ses faveurs.

34
(Chants chrétiens, 197.)

1. Seigneur Jésus ! du haut de ta demeure,
De tes enfants vois les efforts nouveaux ;
En mille lieux vois-les à la même heure
Te priant tous de bénir leurs travaux.
2. Elle jaunit la campagne du monde ;
Mais ce beau champ manque de moissonneurs ;
Sur ta bonté tout notre espoir se fonde.
Seconde, ô Dieu ! seconde nos labeurs.
3. Saints messagers ! qui portez la lumière,
En tous climats proclamez le Sauveur ;
Il faut planter sa céleste bannière,
Cet étendard de paix et de bonheur.
4. Dites aux morts : Revenez à la vie !
Aux criminels annoncez le pardon ;
Aux rachetés ouvrez la bergerie ;
Rassemblez-les dans la sainte Sion.

35
(Cantiques populaires, 101.)

1. Qui sont ces gens au radieux visage
Que, par delà les flots tumultueux,
Je vois là-bas sur le rivage
S'assembler pour monter aux cieux ?

CHŒUR : Des palmes à la main et couronnés de gloire,
Ils vont chantant le cantique nouveau :
« Heureux qui par la foi remporta la victoire,
Lavé dans le sang de l'Agneau ! »

2. Ce sont des rois, jadis pauvres esclaves,
Dont Jésus-Christ a fait tomber les fers.
   Libres enfin de leurs entraves,
   Ils vont régner sur l'univers. — *Chœur.*

3. Aux jours mauvais, aux heures solennelles,
Pendant l'épreuve ou la tentation,
   Toujours ils restèrent fidèles
   A leur noble vocation. — *Chœur.*

4. Qu'ils sont heureux ! l'épreuve est terminée,
Du triste mal ils ne souffriront plus,
   Et désormais, leur destinée
   C'est de régner avec Jésus ! — *Chœur.*

36

(Chants chrétiens, 97.)

Agneau de Dieu, par tes langueurs,
Tu pris sur toi notre misère,
Et tu nous fis, à Dieu ton Père,
Et rois et sacrificateurs.
Ensemble aussi nous te rendons
Honneur, gloire et magnificence,
Force, pouvoir, obéissance ;
Et dans nos cœurs nous t'adorons.
Amen ! amen ! Seigneur, amen !

37

(Chants chrétiens, page 391.)

Que la grâce de notre Seigneur Jésus-Christ
Et l'amour de Dieu le Père,
Et la communion du Saint-Esprit,
Soient avec nous tous. Amen.

Lievens, typ., rue Niepce, 2, Paris.

www.ingramcontent.com/pod-product-compliance
Lightning Source LLC
Chambersburg PA
CBHW060622050426
42451CB00012B/2387